AF360321

REQUÊTE

INTRODUCTIVE

AU PARLEMENT,

LES CHAMBRES ASSEMBLÉES,

PAR LE

CARDINAL DE ROHAN,

Signifiée à Mr. le Procureur-Général.

A PARIS;

Et se trouve à BRUXELLES

Chez EMMANUEL FLON, Imprimeur-Libraire,
rue des Fripiers.

M. DCC. LXXXVI.

A NOSSEIGNEURS
DE PARLEMENT,
LES CHAMBRES ASSEMBLÉES.

*Supplie Louis-Réné-Edouard de Rohan Guémené,
Cardinal de Rohan, Grand-Aumônier de France, Com-
mandeur de l'Ordre du Saint-Esprit, Evêque de Strasbourg, &c.*

*Disant qu'on a fait servir à la fraude l'abus du Nom le
plus Auguste. Le Roi a renvoyé à son Parlement le
soin d'en rechercher les auteurs. Tel est le Délit ex-
primé dans les Lettres-Patentes adressées à la Cour.*

IL est affreux pour le Suppliant d'être impliqué dans cette
affaire scandaleuse : mais, si c'est son profond respect pour le
nom même, dont une main coupable a eu la témérité d'abuser,
qui a gouverné toutes ses démarches ; s'il a été trompé, & s'il
n'a trompé personne ; s'il a été le jouet & la victime de la plus
criminelle audace ; s'il est prouvé qu'une confiance aveugle,
effet malheureux de sa droiture même, l'a entraîné d'erreurs en

A 2

erreurs jufqu'au moment d'un réveil terrible, on ne pourra pas douter de fon innocence. Que des hommes indifférens, qui n'auront réfléchi, ni fur les artifices du crime, ni fur la fimplicité des ames droites, s'étonnent qu'il ait pu tomber dans le piège ; fes Juges, qui ne confultent que la Loi & ne connoiffent que les preuves, qui ne fe permettent jamais d'oppofer à des faits certains de vaines invraifemblances, vont enfin commencer de manifefter les fentimens, dont ils font pénétrés ; ils le délivreront du poids des chaînes, qui, fuperflues pour le retenir fous la main de la Loi, paroîtroient juftifier les foupçons, & les aggraver même à proportion des rangs & des dignités.

La douleur dont le Suppliant eft accablé par la difgrace du Roi ; la profonde amertume dont il eft rempli, depuis qu'il a eu le malheur de déplaire à la Reine, en croyant lui donner des preuves de fon refpeƈt, de fon dévouement & de fa foumiffion à fes ordres ; c'eft le plus cruel des maux qui l'affligent : & cette captivité rigoureufe qui excite, dit-on, quelque intérêt dans le public, n'eft que la moindre de fes peines : elles ne peuvent être bien connues que de lui feul : mais on apprécieroit difficilement auffi toute l'étendue de fa confiance. C'eft le Roi, le Roi lui-même, qui l'a renvoyé au jugement du premier Tribunal de la France. Le Roi n'aime que la vérité & ne veut que la juftice. La pofition la plus favorable au bon droit, c'eft d'avoir un Accufateur auffi grand, auffi pur, & des Juges auffi éclairés.

Le Suppliant ne fe propofe pas de tracer en cet endroit l'hiftoire du Procès. Les Magiftrats ont fous les yeux toute la procédure ; & cette Requête n'eft que pour eux ; mais on va préfenter, de la manière la plus fimple & la plus claire, les preuves d'innocence que le Suppliant, inftruit par fes propres interrogatoires, croit pouvoir regarder comme acquifes, & celles qu'il dépend des Magiftrats d'acquérir encore, pour achever entièrement la conviƈtion des vrais coupables.

Il faut fixer d'abord le point précis qui eft à juger. Quelqu'un a commis un abus puniffable du nom de la Reine, pour une négociation qu'elle n'avoit pas commandée. Une parure de diamans a été acquise fous ce nom refpectable. Un écrit a été montré aux jouailliers, lequel contenoit des approbations, prétendues écrites par la Reine ; & la Reine n'avoit rien ordonné, n'avoit rien écrit, rien figné, rien approuvé. La perfonne qui fera reconnue avoir fuppofé l'ordre, ufurpé l'augufte nom, fabriqué ou adminiftré la fauffe fignature, eft bien criminelle fans doute. C'eft une violation du refpect profond dû à Sa Majefté, un abus du nom le plus vénérable, un faux dans la matière la plus grave.

Le Suppliant a traité de cette acquifition & montré l'écrit aux jouailliers. Il l'a gardé foigneufement, en a fait lui-même la déclaration au Roi dans le moment de fa détention, & l'a remis enfin pour le Roi à fon Miniftre, comme preuve de l'erreur dans laquelle il avoit été plongé par l'artifice. Il n'exifte, cet écrit, que parce que le Suppliant a voulu le conferver.

Quel eft donc le fait en ce qui le concerne ? Il a cru que la Reine defiroit d'avoir une parure de diamans : il a cru que c'étoit la Reine qui lui avoit fait donner l'ordre de l'acquérir, & qu'elle avoit approuvé les conditions propofées par les jouailliers. Voilà ce qu'il a cru. C'eft une erreur, une importante erreur, dont les fuites ont été bien amères. Ce fera même, fi l'on veut, une crédulité difficile à concevoir d'abord, une illufion plus ou moins furprenante. Il faut attendre cependant, pour en bien juger, qu'on ait connu tous les refforts, mis en jeu pour conduire la bonne-foi du Suppliant dans le piège ; mais, quelque fentiment qu'on fe forme de fa facilité à fe laiffer féduire, il eft impoffible de voir, dans un homme trompé, l'apparence d'un crime.

Si cette illufion pouvoit être une faute, l'innocence même pourroit donc devenir coupable à fon infu, avec les intentions les plus pures. Ceffer d'être dans la difgrace de la Reine, lui prouver fon dévouement & fon profond refpect, craindre de lui déplaire en balançant fur l'exécution des ordres qu'il croyoit lui avoir été tranfmis de la part de Sa Majefté ; voilà les fentimens dont le cœur du Suppliant étoit pénétré. Comment les démarches, que de telles difpofitions ont produites, feroient-elles des crimes ? Cela eft impoffible. Encore une fois ; qu'avant d'avoir acquis la connoiffance de tous les faits, qui ont préparé la féduction, on taxe le Suppliant de crédulité, de foibleffe, d'aveuglement, il avouera qu'en effet il fut entraîné par l'ambition de recouvrer les bontés d'une Souveraine augufte ; il avouera que cette ambition put donner à l'Auteur de la manœuvre des facilités pour le tromper. Peut-être, fans cette difpofition habituelle de fon ame, il auroit foupçonné le piège. Peut-être qu'uniquement occupé du but, qu'il avoit en vue, il a été moins clairvoyant fur l'invraifemblance des moyens qu'on employoit pour l'égarer. Qu'en réfultera-t-il ? Sa fimplicité rendra plus odieux l'artifice qui s'arma contre lui, mais ne le rendra pas coupable, & fon erreur, qui fait fon innocence, ne peut pas être en même tems un crime.

Dira-t-on qu'il n'a pas dû tomber dans cette erreur ? Le Suppliant en conviendra fans peine, puifqu'il gémit fi amèrement d'avoir eu le malheur affreux d'offenfer la Reine par les moyens mêmes, qu'il n'embraffoit que pour lui prouver fa foumiffion : mais lorfqu'on lui annonça que la Reine defiroit une parure ; qu'elle en ordonneroit le paiement à différens termes fur les fonds, dont elle difpofe ; que, défabufée, revenue des idées défavorables, qu'on lui avoit fait concevoir fur la perfonne du Suppliant, elle vouloit néanmoins encore fufpendre le témoignage public du retour de fes bontés, mais qu'elle daignoit le charger de cette négociation particulière ; voici qu'elles furent fes penfées. Il engage fes Juges à confidérer fa pofition. On parle beaucoup aujourd'hui de l'imprudence d'*avoir cru* : il fentit alors le malheur de fe tromper en ne croyant pas, de fe refufer à une occafion précieufe, qui combloit les vœux de fa plus grande ambition : il crut enfin, parce qu'on croit facilement ce qu'on defire avec ardeur, parce que la franchife de fon caractère lui rend incompréhenfible les projets & les artifices des trompeurs, comme la loyauté de fon ame lui rend inexplicables les noirceurs de l'ingratitude. Tout ce qui avoit précédé se présenta à son esprit pour en bannir le doute. Enfin il crut, & il agit.

Prononcera-t-on que c'est une foibleße extraordinaire? Eh bien! perfonne ne peut fixer des bornes aux foibleßes de l'esprit humain. Il y a eu des hommes, dont la fraude est parvenue à fafciner les yeux jufqu'à un degré difficile à comprendre; & d'ailleurs, les moyens employés dans cette horrible intrigue, ont été tißus, peut-être, avec aßez d'art & de malignité pour diminuer la furprife que caufe le fuccès funeste dont ils ont été fuivis. Quoiqu'il en foit, avoir été féduit par la rufe, égaré par le defir de n'être plus dans une difgrace qui empoifonnoit fa vie, ce font des malheurs, moins rares peut-être qu'on n'est difpofé à le croire: mais ceux qu'on pourroit citer n'ont pas acquis cet éclat, qui place en un fi grand jour l'infortune du Suppliant. Il en est plus à plaindre fans doute: il fent bien douloureufement cette profonde amertume; mais il n'a point à comparoître devant un Tribunal léger, où chaque Juge, près d'être accufé lui-même, oublie fes fautes fecrètes, pour jetter, en fe jouant, les traits du ridicule fur les évènemens notoires. Il est appellé devant le Tribunal de la Loi, & fous les yeux de la Loi. L'erreur n'est pas & ne peut pas être un crime. Voilà un premier point, qu'il faut néceßairement admettre comme une vérité inconteftable. Or, le Suppliant a été trompé : c'est le point de fait qu'il s'agit de développer.

Il y a une première preuve, qui est bien forte aux yeux de la fimple raifon. L'hypothèfe que le Suppliant va traiter est horrible; il n'en approche pas fans frémir. Mais, dans la folitude d'une prifon, fi le foible fuccombe au malheur d'avoir à fe juftifier, l'homme fort & réfigné contracte l'habitude de l'envifager en face, & fe fait un courage conforme à fa deftinée. Parlons donc fans détour, & raifonnons froidement fur des horreurs. Si le Suppliant n'a point été trompé, ce fera donc lui, qui, pour fe procurer un collier de feize cens mille livres, aura fuppofé un ordre imaginaire de la Reine; lui, qui aura prononcé fans mißion un nom fi refpectable; lui, qui aura ordonné le faux,

& prefcrit à un mercenaire de tracer les caractères qui compofent ce nom augufte. C'eft un Evêque, un Cardinal de la maifon de Rohan, comblé des graces du Roi, des dignités de l'Eglife & de la Cour, des dons de la fortune, qu'il faudra fe réfoudre à foupçonner d'avoir conçu cette baffeffe abfurde! Cela n'eft pas poffible! Que font feize-cent mille livres ou plutôt huit ou neuf cent mille livres qu'on eût à peine obtenues en vendant le collier, auprès des avantages, même pécuniaires, qu'il eût fallu perdre pour s'emparer de cette parure par une vue fi abominable? Que difons-nous, huit-cent mille livres? Pour les avoir, il eût fallu payer feize-cent mille livres en deux ans. C'eft donc le droit de perdre fix à fept cent mille livres, que le Suppliant eût acheté au prix de fon honneur, de fon état, de fes dignités & de fa fortune! Il fe feroit donné pour complice le fauffaire dont il eût employé la main! Les jouailliers auroient cru avoir vendu pour la Reine, & chaque mot de leur bouche l'auroit fait troubler! Le bon fens fe révolte contre cet excès de folie.

Qu'un aventurier, errant, nourri parmi les fraudes & les infamies, qui attend fa richeffe du crime & fon falut de la fuite, conçoive des projets de ce genre, & fe diffimule le danger, cela peut fe comprendre; & il y en a des exemples. Mais le Cardinal de Rohan, Evêque de Strasbourg, & Grand-Aumônier de France, enchaîné par tous les liens de l'honneur, de la naiffance, du rang & de la fortune, commettre un faux fi horrible, le faire commettre par un vil efclave, confident de cette ignominie, pour ne rien gagner, pour tout perdre, pour conclure un marché ruineux en lui-même! Non! rien d'auffi abfurde ne s'étoit encore préfenté dans les Tribunaux. Le crime eft démontré impoffible. L'erreur eft donc prouvée jufqu'à l'évidence à ceux même qui peuvent la trouver furprenante.

Une feconde preuve s'élève de la forme même de la fauffe fignature. Combien de fois n'a-t-on pas dit, depuis l'éclat de cette affaire, qu'on ne pouvoit pas concevoir comment le Suppliant s'étoit laiffé tromper par une fignature, qui n'étoit pas

même

même conçue dans la forme de la signature de la Reine? Qui
ne voit .au contraire, qu'elle n'auroit pas ce défaut, fi le
Suppliant n'avoit pas été conduit à cette confiance, qui la
lui fit recevoir aveuglément comme véritable? Auteur de la
fauffeté, il l'auroit fait avec foin. Qu'il ne fe foit pas apperçu
d'une falfification fi gauche, cela ne peut paroître que furpre-
nant. Mais qu'il l'ait commandée, fait exécuter avec cette mal-
adreffe, cela eft abfolument impoffible; & cet argument s'ap-
plique également au caractère de l'écriture, dont on n'a pas
même effayé de conformer les traits au modèle.

Cependant ce papier odieux, cet écrit ridicule, le Suppliant le garde fcrupuleufement, comme la pièce la plus importante. La parure de diamans étoit dans fes mains; & il n'avoit
pas encore fait voir cette pièce aux jouailliers. Il la leur montre, mais ne la leur remet pas. Maître de la brûler & d'en détruire jufqu'à la moindre trace, il la renferme précieufement. Un
jour il réfléchit fur le danger de la mort. Il l'enveloppe dans un
papier blanc, fur lequel il écrit, « qu'en cas de mort cet écrit
» appartient aux fieurs Boehmer ". Cinq ou fix mois s'écoulent ;
l'écrit faux eft toujours confervé par le Suppliant. Réveillé
tout-à-coup par l'éclairciffement le plus impofant & le plus terrible, c'eft lui qui dénonce l'écrit au Roi, comme la preuve
écrite de fon erreur; c'eft lui qui le remet au Miniftre pour le
Roi : c'eft de lui qu'on le tient : fans lui, fans fes précautions,
fans fa loyauté, il n'exiftoit point au procès. Si le Suppliant
avoit commandé le faux, cette conduite feroit extravagante.
Poffeffeur des diamans, qu'avoit-il befoin de conferver un papier, qui n'avoit pas même été néceffaire pour le lui procurer,
& qui auroit été le témoin irrécufable du crime? Avec quel
empreffement un coupable l'auroit-il fupprimé à l'inftant même!
Mais, s'il tenoit l'écrit d'une main perfide; s'il étoit aveuglé
par la fraude au point de n'avoir pas même d'incertitude à éclair-
cir; fi fes yeux, aveuglés par la fauffe perfuafion, n'ont pas
été frappés de la forme de la fignature; s'il ne doutoit pas
même, il a dû conferver ce même papier comme un titre pré-

cieux! Troifième preuve invincible de la bonne-foi. Elle démontre toujours qu'il a *été trompé*, & qu'il n'a point été
trompeur.

La démonftration s'accroît à chaque pas. Il reçoit le collier
de diamans le 1 Février 1785. S'il l'a obtenu des mains des
jouailliers, en fuppofant auprès d'eux un ordre imaginaire de
la Reine, s'il les a trompés par une fauffeté volontaire, coupable alors à fes propres yeux, il doit s'applaudir du moins de
ce que les jouailliers n'ont pas entre les mains une feule preuve
écrite, que dans cette négociation le nom de la Reine ait été
prononcé. Ils n'avoient qu'un feul billet, où le Suppliant leur
mandoit d'apporter l'objet en queftion, fans prononcer le nom
de la Reine. Et voilà cependant que, parvenu au but que l'ac-
cufation fuppofe qu'il avoit en vue, il écrit de lui-même aux
jouailliers, " que *la Reine* lui a fait connoître que les inté-
„ rêts feroient payés à compter du premier terme convenu ";
& *il figne*. C'eft le feul écrit qui prouve, dans la main des
marchands, qu'ils ont vendu pour la Reine : & cet écrit ils le
tiennent du Suppliant lui-même, qui le leur envoya depuis que
la remife du collier lui avoit été faite. Il étoit donc convaincu
que les ordres de la Reine étoient véritables, qu'ils lui étoient
fidélement tranfmis. Quatrième preuve que le Suppliant étoit
trompé & non *trompeur*.

En voici une cinquième d'un caractère fi éclatant, qu'elle
fuffit feule pour forcer l'opinion de tout homme raifonnable. Il
doit être établi au procès, que, dès le 3 ou 4 Février, le Suppliant ayant rencontré les jouailliers à Verfailles, leur demanda,
„ s'ils avoient préfenté leurs actions de graces à la Reine, pour
„ l'acquifition qu'elle avoit bien voulu faire d'un objet fi im-
„ portant " ? Ils répondirent *qu'ils ne l'avoient pas fait*. Le
Suppliant les en preffe & leur fait fentir qu'ils le doivent. Ils
lui objectent le fecret qu'exige la négociation, tant qu'il ne
plaira pas à la Reine de permettre qu'on en parle. *Le fecret n'eft
pas pour la Reine elle-même*, replique le Suppliant, *ayez foin
feulement de faifir le moment où vous pourrez avoir l'honneur de*

parler à S. M. feule. Ce n'eft pas tout. Le procès doit contenir les preuves, que continue'lement & d'époque en époque, depuis le mois de l'évrier jufqu'au mois de Juillet, le Suppliant n'a laiffé échapper aucune occafion d'engager les jouailliers à s'acquitter du devoir qu'il leur avoit preferit ; que leur négligence à le remplir a fouvent excité fes reproches, & donné lieu même à des fignes d'impatience. Enfin, dans le mois de Juillet, le Suppliant, perfuadé par les mêmes artifices qui l'avoient trompé jufqu'alors, que la Reine, n'ayant voulu acquérir en Janvier la parure de diamans qu'au prix qui feroit fixé par une eftimation, exigeoit ou que cette eftimation fût faite, ou que les jouailliers confentiffent à la laiffer pour quatorze cent mille livres, porta cette propofition aux fieurs Boehmer & Baffanges qui fe déterminèrent à l'accepter. Alors, affligé que tant d'exhortations ne leur euffent pas fait faire auprès de la Reine la démarche qui lui paroiffoit néceffaire, le Suppliant exigea d'eux qu'ils priffent la liberté d'écrire à Sa Majefté. Ils proposèrent au Suppliant d'écrire lui-même. *Non,* répondit-il, *comme ma lettre ne parviendroit à la Reine que par la voie d'un tiers, il vaut mieux que vous même écriviez & remettiez la lettre.* Ils écrivirent dans le cabinet du Suppliant, qui corrigea le ftyle. Ils remirent leur lettre à la Reine le 11 ou 12 Juillet. Elle étoit conçue en ces termes.

       ,, MADAME,

,, Nous fommes au comble du bonheur d'ofer penfer que les
,, derniers arrangemens, qui nous ont été propofés, & auxquels
,, nous nous fommes foumis avec zèle & refpect, font une nou-
,, velle preuve de notre foumiffion & dévouement aux ordres
,, de Votre Majefté ; & nous avons une vraie fatisfaction de
,, penfer que la plus belle parure de diamans, qui exifte, fer-
,, vira à la plus grande & la meilleure des Reines ".

Celui qui invita, follicita, preffa les jouailliers conftamment & avec perfévérance, pendant plufieurs mois, de faire leurs très-humbles remercîmens à la Reine de l'acquifition qu'elle avoit faite ; celui qui les détermina à écrire à Sa Majefté la lettre par laquelle ils expriment leur joie de ce que *la plus belle parure de diamans servira à la meilleure des Reines*, a certainement, évidemment cru que la Reine avoit acquis cette parure, & qu'elle la possédoit. Il a donc été de bonne-foi : il a donc été trompé par un artifice extraordinaire & surprenant, si l'on veut, mais certain, mais évident, mais incontestable.

Si l'on parvient maintenant jusqu'aux sources de la perfidie, chaque preuve qui s'élèvera contre les artisans des fraudes, deviendra une preuve nouvelle de l'artifice employé contre le Suppliant.

Il existe une femme, que le Suppliant a vue pour la première fois en 1781, & qui lui a été recommandée par la dame de Boulainvilliers. Cette femme porte un nom respectable, mais étoit dans l'indigence. Après la mort de sa protectrice, elle s'adressa au Suppliant qui lui donna quelques secours. Or, il doit être établi au procès, qu'en Décembre 1784, pendant l'absence du Suppliant, qui étoit alors à Saverne, & qui n'en est revenu que le 5 Janvier 1785, cette femme a formé des liaisons avec les sieurs Boehmer & Bassanges ; qu'elle leur a fait espérer la vente du collier de diamans ; que le tiers qui a formé ces liaisons, leur a parlé du bonheur qu'elle avoit d'approcher la Reine. Il doit être prouvé que cet entremetteur a stipulé pour elle & pour lui-même une récompense proportionnée à l'importance de la négociation. Cela est prouvé ; & cependant cette femme a donné un Mémoire au public, dans lequel elle nie ou défigure entièrement cette histoire. Ce ne sont plus que des propositions qui lui ont été faites, & qu'elle a rejettées ; une parure qu'elle a vue & qu'elle n'a plus voulu voir. Voilà un grand trait de lumière. Puisqu'il est évident que le Suppliant a été trompé, il est évident qu'il existe un auteur de la tromperie. Et sur qui peuvent & doivent se diriger les vues, si ce n'est sur une femme qui, d'elle-même, à l'insu du Suppliant, avoit entamé la négociation, sans mission, sans ordre, en se faisant annoncer faussement comme honorée des bontés de la personne la plus auguste. Elle a trompé les jouailliers ; elle leur en a imposé. Le caractère du

menfonge qu'elle leur a fait faire, eft précifément le même que
celui de la fraude pratiquée contre le Suppliant. En effet, il
exifte quelqu'un qui a fait croire à ce dernier que la Reine daignoit lui confier le foin d'acquérir des diamans. Quelqu'un lui
a remis, comme tracées de la main de la Reine, de fauffes approbations. C'eft en cela que confifte la tromperie dont il a été
le jouet, & qui eft déja démontrée : & voici que le procès
nous préfente une femme, qui a fait écrire par la voie d'un tiers
aux fieurs Boehmer & Baffanges, qu'*elle avoit l'honneur d'ap-*
procher la Reine, & qui a commencé enfuite avec eux une
négociation pour la même parure de diamans fans que le Suppliant y eut la moindre part. Et ce qui eft plus décifif encore,
cette première fraude, qui eft prouvée dans le procès, la femme
indiquée ne cherche pas à l'expliquer ; elle n'effaie pas de la juftifier ; elle n'imagine aucune autre reffource que de tout nier,
quoiqu'elle doive être convaincue par la dépofition des jouailliers eux-mêmes. On voit déja avec évidence quel eft l'auteur de
l'intrigue toute entière. C'eft cette femme qui l'a tiffue ; & cette
femme eft la dame de la Motte.

Qu'on daigne y réfléchir : chaque preuve qui s'élève contre
les coupables, eft en même tems une preuve nouvelle de l'innocence du Suppliant. Aux faits qui démontrent directement fa
bonne-foi, fuccèdent & s'uniffent naturellement tous ceux par
lefquels fe démontre la fraude, qui a féduit fa franchife. Montrer le trompeur à la Juftice, c'eft lui montrer également la
candeur que l'on a trompée. La première preuve enfin contre la
dame de la Motte doit être comptée comme la fixième des preuves que le Suppliant donne de fon innocence. Celle-ci acquiert
un nouveau degré de force, fi l'on obferve encore que, bien loin
d'avoir été, comme elle le dit, étrangère à la négociation, c'eft
la dame de la Motte, qui, dès le matin du 25 Janvier, s'eft elle-
même tranfportée chez les jouailliers, pour leur annoncer que,
dans la journée, un grand Seigneur viendroit traiter avec eux de
l'acquifition du collier.

Mais une feconde preuve à laquelle la vraie coupable ne peut pas fe flatter elle-même d'échapper, c'eft qu'elle feule & fon mari ont recueilli le fruit de toute la fraude : eux feuls fe font approprié la valeur entière du collier, l'ont dépécé, vendu à leur propre profit, en France, en Angleterre, avant & depuis le procès ; & cette preuve, quand elle fera développée, deviendra, comme la précédente, une démonftration nouvelle, éclatante, irréfiftible de l'innocence du Suppliant. Le crime a été commis par ceux qui en ont profité : le vol de l'effet précieux conduit tous les efprits jufqu'à la fraude, qui s'en eft emparée : & convaincus par chaque preuve que la dame de la Motte eft l'auteur de cette fraude, ils auront acquis une preuve de plus que le Suppliant a été trompé.

En cet endroit de l'affaire nous poffédons des vérités acquifes, & nous en indiquerons d'autres à acquérir par des voies légales : & ce procès a cela de particulier, qu'on ne peut pas regarder les faits expofés par le Suppliant, comme des faits juftificatifs, dont la preuve puiffe être différée.

Le Suppliant eft accufé ; mais les fieur & dame de la Motte le font auffi. Mr. le Procureur-Général eft obligé, par fon miniftère, d'inftruire également contre tous. Les faits qui tendent à la décharge du Suppliant, font les mêmes qui chargent les fieur & dame de la Motte. Il eft impoffible ici de diftinguer la juftification du premier, des preuves de conviction des feconds : &, dans cette pofition, la preuve de l'innocence eft indivifible de la preuve du crime. Si chaque circonftance qui prouve le crime d'un côté, établit l'innocence de l'autre, & reffemble à un fait juftificatif, elle ne peut auffi purger l'innocent fans convaincre les coupables, dont la conviction eft l'objet des pourfuites du vengeur public, & ne doit pas être retardée. Le fait du vol des diamans (que le Suppliant a portés lui-même à Verfailles à la dame de la Motte le 1 Février 1785, & qu'il croyoit remis entre les mains de la Reine) eft prouvé contre la dame de la Motte & contre fon mari, par plufieurs circonftances qu'il faut analifer fuccceffivement.

Il eft avéré & prouvé au procès que la dame de la Motte,

foit dans le tems qu'elle portoit le nom de Valois avant fon mariage, foit depuis qu'elle a époufé le fieur de la Motte, étoit
réduite à la plus grande indigence. Elle n'a obtenu, par fes
follicitations, qu'une penfion de 800 livres, qui a été augmen-
tée enfuite, mais qui n'a jamais été au-delà de 1500 livres.
Telle étoit fa fituation ; & les foibles fecours du Suppliant lui
étoient néceffaires. Or, il eft arrivé, qu'au mois d'Octobre 1784,
les fieur & dame de la Motte ont acheté à Bar-fur-Aube, à l'infu
du Suppliant, une maifon : ils l'ont payée des fonds qu'il a mis
dans leurs mains, ainfi qu'on le dira dans la fuite. Mais c'eft
depuis le mois de Février 1785 que l'état de leur fortune a changé
d'une manière bien remarquable. Le Suppliant n'eft allé que
deux ou trois fois chez la dame de la Motte ; elle a eu foin
de le recevoir toujours dans une chambre haute, qui ne montroit
que le dénuement & la pauvreté. Mais voici les faits qui doivent être prouvés au procès.

1. Les fieur & dame de la Motte ont fait conduire à leur
maifon de Bar-fur-Aube plufieurs voitures de meubles.

2. Elle a commandé chez le fieur Regnier, orfêvre bijoutier,
une argenterie confidérable, qu'elle a payée partie en billets de
la caiffe d'efcompte, partie en diamans.

3. Le fieur Regnier lui a vendu des bracelets de brillans.

4. Il a monté depuis pour elle des diamans de la valeur de
foixante mille francs.

5. Le fieur de la Motte, qui a fait au mois d'Avril dernier
un voyage en Angleterre, en eft revenu vers le mois de Juin,
avec plus de cent vingt mille livres de lettres de change, tirées
fur le fieur Pergaut, banquier, qui les lui a payées, partie en argent, partie en un mandat fur la caiffe d'efcompte, que le fieur
de la Motte a gardé plufieurs femaines, & qu'il eft allé tou-
cher enfuite.

6. Il a rapporté d'Angleterre un grand nombre de perles
fines.

7. Qu'on a vu entre les mains de la dame de la Motte pour quarante mille livres environ de billets de la caiffe d'efcompte.

8. On lui a vu de même un écrin de diamans montés, dit-on, partie en Angleterre, partie en France; & le sieur Regnier, à qui elle les a montrés, a estimé qu'ils valoient cent mille francs.

9 Le sieur de la Motte a porté chez le sieur de Savalette, Garde du trésor royal, cent mille francs de billets de la caisse d'escompte (qui n'ont point de cours dans le pays étranger) pour les convertir en or (métal dont la valeur est la même par toute la terre). Il est vraisemblable que ces cent mille livres font le produit du mandat que le sieur Pergaut lui avoit donné fur la caisse d'escompte.

10. Le luxe des décorations & celui des ameublemens dans la maison de Bar-fur-Aube passe tout ce qu'on peut imaginer. Ce font des lustres, des cristaux, des meubles brodés, dit-on, avec les perles fines rapportées d'Angleterre.

11. Les sieur & dame de la Motte ont acheté des voitures, mis huit à neuf chevaux dans leur écurie, fait faire une riche livrée & pris un nombreux domestique.

12. Ils ont été rendre leurs devoirs à Mr. le Duc de Penthièvre, à Château-Villain, dans ce somptueux équipage; & le 16 ou 17 Août dernier, foupant chez l'Abbé de Clairvaux, ils fe faifoient remarquer par la quantité de diamans qu'ils portoient l'un & l'autre.

Tous ces faits font prouvés, ou il dépend de Mr. le Procureur-Général & de la Cour d'en acquérir ou d'en compléter la preuve. On ofe dire qu'ils font démonstratifs. Une source abondante s'est nécessairement ouverte tout-à-coup pour les sieur & dame de la Motte; & il leur est absolument impossible d'en indiquer aucun autre que le trop fameux collier, forti des mains des sieurs Boehmer & Bassanges le 1 Février. Le récit que l'on trouve dans le Mémoire imprimé de la dame de la Motte, est une preuve nouvelle du vol. Elle dit que le Suppliant lui a fait préfent de petits diamans jusqu'à la concurrence d'une somme de vingt-huit mille livres. C'est une fable, qu'elle n'a imaginée que dans l'embarras où la jettoit le tableau de fes dépenfes, fi redoutable pour elle. Il fuffit au Suppliant de la nier,
comme

comme il la nie très-formellement. Mais quel rapport y auroit-
il au reste entre la somme de vingt-huit mille livres, à laquelle la dame de la Motte a borné son mensonge, & cet
amas de richesses, de dépenses, de profusion, qui se présente
aux yeux dans l'année 1785, à la suite de la plus cruelle indigence ! Comment expliquer ce qu'elle-même avoue, que les vingt
huit mille livres ont servi à payer des *à-comptes* au sieur Regnier
sur les commandes qu'elle lui avoit déja faites? Que dira-t-elle
de ces cent mille livres de bijoux, de cette argenterie, de ces
valets, de ces chevaux, de ces voitures, de cette lettre de change
montant à cent vingt mille livres, de ces billets de la caisse d'escompte, de ces perles fines, de ces diamans, dont étoit chargée
la tête de la dame de la Motte, & qui brilloient aux doigts du
mari & de la femme? Sont-ce là les débris & les produits du
collier? C'est donc qu'il a été remis le 1 Février, comme l'affirme
le Suppliant. Elle est donc l'auteur de la fraude, des faux ordres
de la Reine, des fausses approbations; & le Suppliant trompé, l'a
donc été par elle. Reviendra-t-elle à dire que, chargée par le
Suppliant de vendre des diamans pour lui-même, le sieur de la
Motte & elle lui ont fidèlement remis de la main à la main le
prix qu'ils en ont tiré, soit du sieur Regnier, soit des bijoutiers
d'Angleterre, à l'exception d'une somme de vingt-huit mille livres, qui leur a été laissée pour récompense? Ce sera un mensonge infame, absurde & bien prouvé par le tableau de leur profusion & de leur magnificence personnelle. Quelle seroit dans ce
faux système la source des cent mille livres de diamans, qu'elle
a fait monter pour elle-même, de ceux dont se paroît le sieur
de la Motte, des perles fines, portées, employées à Bar-sur-
Aube, des équipages, des domestiques, des chevaux, &c.? Est-ce
avec un prix, qui n'aura que passé dans leurs mains, pour rentrer à l'instant dans celles du Suppliant, qu'ils auroient pu se
créer un luxe si extraordinaire? La dame de la Motte s'est crue
quitte en disant que l'argent a été remis sans aucune trace. Le
Suppliant le nie; & le mensonge de l'allégation & la vérité de
la dénégation sont prouvés par tout ce qu'il y a de preuves au

C

monde ; & ce font des preuves qui ne peuvent être ébranlées. Le fait eft fixé par le Mémoire de la dame de la Motte. Après qu'elle en a impofé au public, en forgeant, pour le befoin de fon procès, l'hiftoire d'un préfent imaginaire de vingt-huit mille livres, elle ne peut plus effayer d'en impofer à la Juftice, en fuppofant aujourd'hui des préfens plus confidérables. Elle avoit à expliquer fon opulence innattendue, & elle n'a ofé articuler qu'un don montant à vingt-huit mille livres qui n'expliquent rien. Il ne lui eft plus permis de dire à préfent qu'elle a reçu vingt-neuf mille livres. Les faits qui reftent certains, retombent donc de tout leur poids fur elle. Le vol du collier eft donc prouvé, & par ce vol fe démontre, avec la plus haute évidence, la fraude ourdie pour fe procurer les diamans, que le mari & la femme ont volés.

Remarquons maintenant combien eft abfurde, étrangère au procès, indifférente même à la défenfe de la dame de la Motte, cette fable nouvelle, qu'on a imprimée dans fon mémoire fur le fieur Caglioftro. Le peu de vérité qu'elle contient, a été expliqué par le fuppliant dans fes interrogatoires ; mais tout eft faux à l'égard des diamans qu'elle dit lui avoir été remis par le fieur Caglioftro, ou en fa préfence. Jamais le fuppliant n'a poffédé aucuns diamans dépécés ; jamais il n'en a vendus, ni fait vendre ; jamais il n'en a remis un feul à la dame de la Motte. Mais enfin qu'en auroit-elle fait ? Si fon mari les avoit vendus en Angleterre, quand & comment en a-t-il remis le prix au fuppliant ? Convaincus, l'un & l'autre, par l'excès de leurs dépenfes, d'avoir puifé dans un tréfor ouvert, fans pouvoir en indiquer un autre que le collier, livré le 1 Février 1785, ils font convaincus de s'en être emparés, d'en avoir tenu le produit, d'avoir volé en un mot : & les diamans imaginaires du fieur Caglioftro ne font qu'une impofture inutile, qui ne leur fert à rien ; puifque, dans leur fyftême, le prix des diamans, qui n'ont jamais exifté, eft rentré dans la main du fuppliant.

Portons à préfent la preuve du vol, & par conféquent de la fraude, dont le fuppliant eft victime, jufqu'à un dégré d'évidence

encore plus invincible. C'eſt ici que ſe préſente un nouvel ordre de faits, qui conduiſent à la manifeſtation du crime, appar-
tiennent à la pourſuite de Mr. le Procureur-Général, & dont le
ſuppliant oſe requérir expreſſément ſon Miniſtère de demander
& la juſtice de la Cour d'ordonner la preuve, ſoit par les voyes
ordinaires, ſoit par celles, que le droit des Gens a établies entre
les Puiſſances Souveraines, pour procurer mutuellement à leurs
Tribunaux la connoiſſance légale de vérités importantes. Voici
les faits, qui achèvent de porter la lumière ſur cet horrible procès, & qui font connoître à la fois la tromperie & le trompeur,
l'innocence & le crime.

1. C'eſt le 10 ou 11 Avril 1785, que le ſieur de la Motte a
fait un premier voyage en Angleterre avec le ſieur Oneil, Capitaine au ſervice de France, qui eſt actuellement à Paris.

2. Il a acheté à Londres chez le ſieur Gray jouaillier, des épées
d'acier, de l'argenterie & des perles. Le tout a été vu par le
nommé Leſſus, valet-de-chambre de Mr. de la Motte, qui eſt
actuellement à Paris. Le ſieur Gray & autres peuvent être entendus
à Londres en vertu de lettres réquiſitoriales; & l'on ſe croit
même autoriſé à penſer que le ſieur Gray & les autres témoins
ſont diſpoſés à ſe rendre à Paris, ſi la Cour ordonne une infor-
mation ſur les faits qui les concernent.

3. Le ſieur de la Motte, conduit chez le ſieur Gray par le
ſieur Oneil, a fait voir au jouaillier des diamans d'une valeur
immenſe.

4. Il en a impoſé à ce jouaillier, dans tous les ſyſtêmes poſſi-
bles, en lui déclarant qu'il avoit recueilli des diamans de la
ſucceſſion de ſa mère, qui les portoit en pièce d'eſtomac, & s'eſt
annoncé par-tout en maître, qui diſpoſoit de ces pierreries
comme de ſa propriété naturelle.

5. Il en a impoſé d'une autre manière au ſieur Abbé Macdermott, qui, étonné des bijoux précieux que portoit le ſieur de la
Motte, des articles de bijouterie Angloiſe qu'il achetoit pour lui
& pour ſa femme, des perles fines d'une valeur conſidérable,
qu'il devoit emporter avec lui, l'interrogeoit ſur la ſource de

tant de richeſſes. Il lui a répondu que ni lui ni ſa femme n'a-
voient rien; qu'après de vaines démarches & des ſollicitations
inutiles, ſa femme s'étoit déterminée à préſenter un placet à la
Reine; qu'elle étoit tombée évanouie aux pieds de cette auguſte
Princeſſe, qui avoit daigné l'honorer du témoignage de ſes bontés, & qui la combloit de préſens.

6. Il indiqua une autrefois à l'Abbé Macdermott une ſource
différente de ſa fortune. C'étoit le prix des ſervices, que le cré-
dit de ſa femme la mettoit en état de rendre; & s'il venoit vendre des bijoux en Angleterre, c'eſt qu'il craignoit que, vendus
à Paris, la circulation du commerce ne les rapporta par haſard
dans les mains de ceux dont elle tenoit ces libéralités.

7. Les diamans, que le ſieur de la Motte a vendu au ſieur
Gray, s'élèvent à un prix effectif de deux cent quarante mille
liv. il les avoit offerts auparavant au ſieur Jeffrys, qui ne put s'ac-
corder avec lui ſur le prix, & qui conçut les plus grands ſoup-
çons ſur la légitimité d'une poſſeſſion auſſi riche, d'après l'im-
menſité de l'objet en lui-même, ainſi que d'après la perte que le
ſieur de la Motte conſentoit à eſſuyer, en les échangeant contre
d'autres bijoux, qu'il convertiſſoit enſuite en argent.

8. Le ſieur de la Motte a reçu du ſieur Gray environ cent-
trente mille livres en argent; & c'eſt le fonds dont s'eſt formée
la lettre de change ſur le ſieur Pergaux, banquier, entièrement
inconnu du Suppliant, qui ne lui a jamais parlé, jamais écrit,
ni fait écrire & qui ne l'a jamais vu.

9. Le ſieur de la Motte a acheté du ſieur Gray différens effets
de bijouterie pour une ſomme de plus de cent mille livres, &
lui a déclaré que c'étoit en partie pour ſa femme, en partie pour
enrichir l'ameublement d'une maiſon qu'il avoit en France.

10. Il a laiſſé à ce jouaillier environ ſoixante brillans, qu'il l'a
chargé de monter en collier & en boucles d'oreilles pour la dame
de la Motte.

11. Il eſt reparti, à la fin de Mai, d'Angleterre avec le ſieur
Oneil, à qui l'Abbé Macdermott avoit conſeillé de mettre dans
ſes poches, & de paſſer ainſi en France, une quantité conſidé-

rable de perles fines, que le fieur de la Motte avoit achetées
du fieur Gray.

12. Le Roi a donné des ordres, pour que le deffin exact du
collier des fieurs Boehmer & Baffanges fût remis par fon chargé
d'affaires à Londres fous les yeux du fieur Gray; & le Suppliant
faifit, avec un refpectueux attendriffement, une occafion de rendre hommage à la juftice & à la bonté du Roi. Le fieur Gray
a reconnu; que toutes les pièces qui lui ont été préfentées par
le fieur de la Motte, font extraites de ce fameux collier.

13. Le fieur de la Motte, revenu en France, a chargé l'Abbé
Macdermott de retirer des mains du fieur Gray les bijoux qu'il
lui avoit laiffé à monter; celui-ci s'y eft refufé, &, auffitôt
après la détention de la dame de la Motte, le 18 Août au foir,
fon mari s'eft évadé, a pris une route détournée pour fe rendre
en Angleterre, accompagné de Leffus, fon valet-de-chambre;
s'eft fait remettre par le fieur Gray le collier & la paire de boucles d'oreilles qui lui étoient reftées pour monter; a vendu
des nouveaux diamans à Londres; a difparu depuis, au moins
pour un tems, de cette ville même; &, riche des dépouilles du
Suppliant, libre, échappé à la févérité des Loix, infulte en
paix à la captivité & aux malheurs dont fa femme & lui font
la caufe.

14. Entre ces deux voyages, le fieur de la Motte s'eft occupé à Paris à raffembler beaucoup de meubles, pendules &
effets de toute efpèce, pour l'ameublement de fa maifon de Bar-
fur-Aube.

Arrêtons-nous ici, & confidérons la maffe entière des preuves
qui fortent de toutes parts des faits qu'on vient de recueillir.

Impofteur dans tous les récits qu'il fait à Londres fur l'origine
de fa fortune, parce qu'il ne peut pas faire connoître la véritable, le fieur de la Motte donne par-tout un démenti formel
à cette fable groffière des diamans, livrés par le Suppliant ou
par le fieur de Caglioftro, pour être vendus. Il repréfente quelquefois fa femme comme accablée des bontés de la Reine; il

dit même, qu'elle étoit souvent chargée des ordres de la Reine auprès du Suppliant : & c'est-là précisément l'histoire de la manœuvre dont le Suppliant a été la victime. Il s'annonce partout comme propriétaire ; par-tout il agit en propriétaire : il vend, troque, échange ; il reçoit cent mille francs de bijoux & de marchandises, destinés pour sa femme, pour lui-même, pour sa maison de Bar-sur-Aube : il emploie les fonds, tirés de Londres, à acheter des meubles à Paris ; il laisse des diamans au jouaillier Anglois, en le chargeant de les monter pour la dame de la Motte ; il donne à un tiers la commission de les retirer en son absence. A peine l'affaire éclate, il a toute la terreur du crime, ne songe d'abord qu'à la fuite, & songe après à la fortune : il court à Londres, retire les diamans qu'il a laissés, en vend d'autres, & disparoît encore. Où sont les sommes qu'il a remises au Suppliant du produit de ces diamans, qu'elle ose publier avoir reçue de lui ? Horrible & absurde calomnie ! Ces bijoux que Regnier a montés pour elle ; ceux que le sieur Gray a montés à Londres, & qu'il a rendus au sieur de la Motte à la fin du mois d'Août ; ces billets de la caisse d'escompte, qu'on a vus dans les mains de sa femme ; ces meubles somptueux, achetés à Paris, portés à Bar-sur-Aube ; ces perles fines venues d'Angleterre ; & ces marchandises, que le sieur de la Motte y a achetées ; ces nouveaux diamans, qu'il a vendus depuis sa dernière évasion ; ceux qui brilloient à sa main le 17 Août : voilà les débris du collier des sieurs Boehmer & Bassanges ; de ce collier, dont le sieur Gray a vu les dessins précis, & dont il a reconnu toutes les pièces. Si tout est resté dans la main des voleurs, qu'ont-ils rendu au Suppliant ? Certes, s'ils n'avoient été que commissionnaires, ils auroient rempli bien fidélement leur commission ! Non ! il est tems de prononcer. Le vol est prouvé, la fraude l'est également ; & cette dernière preuve achève de démontrer aux

Magiftrats & l'innocence du Suppliant trompé, & le crime des trompeurs convaincus.

Qu'après cela la dame de la Motte accumule les menfonges & compofe des fables ; elle ne peut plus en impofer à perfonne ; & les nouvelles impoftures, employées pour fa défenfe, ne fervent plus qu'à attefter fon crime. Parcourons-en rapidement quelques-unes. — Il eft faux que le Suppliant ait jamais eu des diamans dépécés ; qu'il en ait montré à la dame de la Motte, dans une première boëte, dans une feconde ; qu'il l'ait chargée d'en vendre ; qu'il en ait donné à elle-même pour une fomme de vingt-huit mille livres. Il eft faux que le fieur de Caglioftro, ni le Suppliant ait remis à la dame de la Motte un feul diamant pour le vendre, foit en Angleterre, foit ailleurs : &, s'il eft arrivé qu'un enfant (la nièce de la dame de la Motte) ait parlé de diamans dans une dépofition, qui par plufieurs raifons frappantes, ne peut rien prouver, on n'y voit que l'œuvre de la féduction, qui a corrompu fans fruit l'innocence. Au furplus, une fomme de vingt-huit mille livres donnée & des diamans au refte, dont le prix auroit dû rentrer, & feroit rentré en effet dans la main du Suppliant, quel rapport auroient-ils avec des profufions énormes, qui prouvent que les fieur & dame de la Motte ont eu la difpofition d'un tréfor & fe le font appliqué ?

Tout ce que la dame de la Motte, réfléchiffant fur l'infuffi-fance des faits imprimés dans fon Mémoire, paroît avoir ajouté dans les interrogatoires qu'elle a fubis, décèle l'embarras du crime, qui s'agite & fe replie long-tems, avant d'arrêter le plan de fa défenfe ; & tout eft auffi faux que le Mémoire même. — Il eft faux que le Suppliant lui ait donné en aucun tems cinquante louis, & lui en ait envoyé deux cens. Sa plus forte libéralité a été de vingt-cinq louis en une fois. En 1783, il a bien voulu la cautionner pour cinq mille livres ou environ, qu'il a été obligé de payer en 1785, tems où la dame de la Motte regorgeoit de richeffes, mais, intéreffée à les cacher au Suppliant, continuoit de folliciter fes bontés, & recevoit de lui les mêmes fecours de trois, quatre & cinq louis. Le Suppliant a nommé fes témoins dans fon interrogatoire; & il prie Mr. le Procureur-Général de les faire entendre. — Il eft faux qu'il ait donné au frère de la dame de la Motte, ni cinq mille livres, ni quinze mille livres, ni aucune autre fomme. — Il eft faux qu'il ait engagé la dame de la Motte à fe loger rue neuve Saint-Gilles, & qu'il lui ait fait meubler un appartement. — Il eft faux que le fieur de la Motte ne foit revenu d'Angleterre, le 29 Mai, que fur l'invitation du Suppliant, qui avoit befoin de fonds; & tout auffi faux que le fieur de la Motte lui ait remis les effets provenans de la vente des diamans à Londres. Dans le mois de Mai le Suppliant étoit même en Alface. — Il eft faux que la dame de la Motte lui ait jamais parlé des diamans que fon mari eût laiffés en Angleterre : & elle n'avoit garde d'en parler, puifque ce font les mêmes diamans que fon mari eft allé reprendre des mains du fieur Gray à la fin du mois d'Août, depuis la détention du Suppliant, & qu'il fe les eft appropriés; comme il avoit fait à l'égard de tous les autres. — Il eft faux que le Suppliant ait jamais vu ni connu un fieur de Marcilly, un nommé Augeard, une dame de Courville : il n'en a pas même entendu parler, & ne fait abfolument ce que c'eft que l'hiftoire de cette femme, de l'enfant qu'on lui fuppofe, du mariage projetté pour elle. Tout cela eft aux yeux du Suppliant une fable incompréhenfible, & vraifemblablement une horreur nouvelle, imaginée par la dame de la Motte. Il le croit d'autant plus, que Mr. le Rapporteur lui a demandé fi cette dame de Courville ne demeuroit pas dans la rue Saint-Gilles; ce qui donne un violent foupçon que la fable, dont il s'agit, tient à quelqu'intrigue odieufe, dont les agens auront tenu leurs conférences dans la maifon même de la dame de la Motte. — Il eft faux que la dame de la Motte, en l'année 1785,

ni

ni dans aucune autre, ait été priée par le fieur de Carbonnières de faire un voyage en Alface; faux qu'elle ait apporté au Suppliant à Saverne aucun paquet important; également faux qu'il ait fait préfent à la dame de la Motte d'une boëte, dans laquelle il y eût eu des diamans & un portrait de la Reine; tout auffi faux qu'il lui ait montré une bombonière, fous le médaillon de laquelle.il y eût un autre portrait de la Reine : jamais il n'en a poffédé aucun. ⎯ Il eft faux que le Suppliant ait fait des préfens en diamans aux fieur & dame Caglioftro, fi ce n'eft quelques bijoux, qui ont été fournis par les jouailliers Boëhmer & Barrière. Il ne leur a jamais vu de diamans remarquables, & ne leur a jamais donné d'argent. ⎯ Il eft faux que la dame Caglioftro ait jamais été défignée par le Suppliant fous le nom de la *petite Comteffe*. ⎯ Il eft faux qu'il ait annoncé à la dame de la Motte le moindre regret d'avoir fait écrire par le fieur Baffanges à la Reine au commencement de Juillet, pareillement faux, qu'il lui ait dit avoir le bonheur d'approcher la Reine; horriblement faux qu'il ait reconnu avoir plufieurs lettres de Sa Majefté; toujours faux que la dame de la Motte l'ait invité à fe procurer de l'écriture de la Reine; & en général tous les faits allégués par la dame de la Motte & connus du Suppliant par fes propres interrogations, font dénués de toute efpèce de preuve ou d'indice, formellement déniés par le Suppliant, & ne contiennent pas un mot de vérité.

Toutes ces fables au refte n'ébranleroient pas même, fi elles étoient auffi graves qu'elles font fauffes, les preuves qui exiftent fous les yeux de la Juftice, ou dont il dépend des Magiftrats d'acquérir le complément, s'il leur paroît néceffaire. Il eft certain que le Suppliant a été trompé. Les faits même que la dame de la Motte s'eft permis de créer dans fon Mémoire & dans fes réponfes, fuppofent tous que cette tromperie eft inconteftable à

D

ſes propres yeux, puiſqu'elle prétend avoir invité le Suppliant à ſe procurer de l'écriture de la Reine, dont il ne connoiſſoit pas le caractère. L'innocence du Suppliant eſt donc parfaitement démontrée. Où cherchera-t-on enſuite les auteurs de la fraude, ſi ce n'eſt dans une femme qui avoit négocié elle-même l'acquiſition du collier, pendant le ſéjour du Suppliant à Saverne; dans une femme, qui a été avertir qu'un grand Seigneur paroîtroit pour traiter avec eux; dans une femme, dont la richeſſe ſubite contraſte ſi étonamment avec ſa pauvreté paſſée, qui vend des diamans à Regnier; dont le mari ſe porte en Angleterre, pour vendre des diamans aux jouailliers Anglois; en emploie le profit à l'acquiſition de meubles, de bijoux, de décorations faſtueuſes; ment par-tout ſur l'origine de ſa fortune, parle des bontés de la Reine pour ſa femme, des ordres dont elle l'a chargée pour le Cardinal de Rohan; fuit au moment de l'orage, pour aller ravir à Londres les débris du tréſor, dont il diſpoſe en maître; en un mot exécute tout ce qu'on a détaillé dans la préſente Requête. L'évidence même n'eſt pas plus claire.

On le répète; il eſt dans le ſyſtême de la dame de la Motte de reconnoître que le Suppliant a été trompé. Elle ſent bien qu'elle y eſt forcée : mais, les mains toutes pleines des fruits de cette infamie, elle eſſaie d'en rejetter l'horreur ſur la dame de Caglioſtro. Calomnie abſurde & ſans doute anéantie par toutes les preuves qui ſont ſous les yeux des Magiſtrats, puiſque la dame de Caglioſtro n'eſt pas acculée, pas même liée à la procédure par le plus léger des décrets.

S'il eſt certain que le Suppliant ait été le jouet de la fraude, & par conſéquent s'il eſt innocent, le Suppliant dira, " qu'un fait » prouvé peut être ſurprenant, ſans jamais ceſſer d'être véritable".

Il dira, que ſi, de l'aveu même de la dame de la Motte, la fraude a été pratiquée, & ſi elle borne ſes plans menſongers à en repouſſer l'infamie ſur un autre, il ne lui eſt pas poſſible de

fe prévaloir de l'invraifemblance d'une furprife, qu'elle-même feroit obligée de reconnoître. Au refte, le Suppliant a rendu compte,
dans le premier article de fon interrogatoire, de l'enchaînement
des faits qui ont amené la féduction & préparé la réuffite de l'intrigue. Nous prions les Magiftrats d'en faifir les détails : ils y
verront que le Suppliant a été aveugle, mais qu'on l'a aveuglé ;
que fon ambition de récouvrer les bontés de la Reine, a été la
principale caufe d'une illufion qui flattoit fes vœux les plus ar-
dens. Ainfi s'eft établie par dégrés une confiance déplorable fans
doute, mais dont le Suppliant s'étonne moins, même aujour-
d'hui, quand il réfléchit fur la nuance des progrès fucceffifs
qu'elle a eus, fur la naïveté de fon propre caractère, fur le
fentiment invincible qui lui a dit toute fa vie, qu'*un obligé ne
peut tromper fon bienfaiteur.*

La dame de la Motte lui dit, en Mai 1784, que les bontés
de la Reine, tout ignorées qu'elles font, la mettent peut-être en
état de fervir le Suppliant. Il ne peut ni ne veut le croire. Elle
lui montre enfuite des lettres, dont il ne connoît pas le caractère :
il doute, mais il eft ébranlé, parce que, pour refufer toute croyance,
il auroit fallu fuppofer une horreur de perfidie & de menfonge.
Elle le flatte, en lui annonçant que la Reine paroît difpofée à
mettre un terme à fa difgrace. Toute fon ame fe livre à cette
efpérance, & la dame de la Motte fentit bien alors qu'elle employoit par-là le moyen le plus fûr pour qu'il l'aidât lui-même à
le tromper. Cependant fa confiance n'eft pas entière : elle lui fait
efpérer une audience; cette audience n'a pas lieu : les doutes
renaiffent. Alors elle conçoit un projet audacieux, celui de parvenir à perfuader au Suppliant qu'il a recueilli lui-même de la bouche la plus augufte l'efpérance de voir ceffer fa difgrace. La
Reine fe promenoit quelquefois les foirs de l'été dans les jardins de
Verfailles. *Trouvez-vous-y*, dit la dame de la Motte au Suppliant,
peut-être aurez-vous le bonheur d'entendre la Reine vous confirmer les

difpofitions que je vous annonce. En effet, un foir de la fin de Juillet ou du commencement d'Août 1784, le Suppliant étoit dans les jardins : averti par la dame de la Motte, il s'approche avec refpeét d'une perfonne, que, dans fa fauffe perfuafion, il croit être la Reine. Il entend ces paroles : *vous pouvez efpérer que le paffé eft oublié.* Un homme, qui étoit près de cette perfonne, annonce à l'inftant madame & Madame la Comteffe d'Artois. Le Suppliant fe retire avec une refpeétueufe reconnoiffance. Et de cette époque, convaincu qu'il étoit, il ne donna pas même à la dame de la Motte la peine d'inventer de nouveaux artifices. Il crut tout aveuglément, lettres prétendues, ordres imaginaires, tout fut vrai, tout fut facré pour lui.

Le Suppliant ne s'occupe pas en ce moment de prouver qu'il a été trompé dans la négociation des diamans : c'eft une chofe démontrée. Il raconte comment il a pu l'être. On s'étonnera, fi l'on veut, des moyens, quand l'effet eft certain. Il ne fauroit trop répéter que cet étonnement ne détruira pas une vérité acquife. Au refte, le procès préfente fur cette anecdote un trait de lumière bien remarquable. Lorfque, d'un coté, le Suppliant affirme qu'il a cru avoir reçu de la Reine elle-même l'efpérance du retour de fes bontés, il fe trouve qu'une femme a été féduite par les fieur & dame de la Motte ; qu'elle a été payée par eux ; qu'elle en a reçu une fomme confidérable, des promeffes plus confidérables encore, pour jouer un rôle dans les jardins de Verfailles. Il fe trouve que le nom de la Reine a été infolemment mêlé dans les féduétions employées auprès de cette femme : il fe trouve que le rôle qu'elle a été chargée de remplir, c'étoit de s'avancer vers un homme qui viendroit à elle, & de lui montrer des difpofitions favorables. Chofe étrange & bien frappante ! C'eft une fomme de qdatre mille livres que l'Aétrice a reçue pour ce jeu. C'eft quinze millé livres dont on la flatte, dit-on, fi les projets qu'on a en vue réuffiffent. Et ce font les fieur & dame de la Motte qui dif poſent cette ſcène & la payent. De quelle importance étoit-elle donc pour leurs deſſeins ſur l'homme qui devoit être l'objet d'un jeu ſi extraordinaire? Voilà ce qui eſt acquis au procès ; & la dame de la Motte ne ſait couvrir cette ſingularité que par un menſonge. Elle nie avoir connu la femme, qui, arrêtée, conduite aux pieds des Magiſtrats , ſe dénonce elle-même comme ayant accepté & rempli le rôle dont elle a été payée par eux. Que des circonſtances ne ſoient pas rendues par l'Actrice comme elles ont eu lieu en effet ; qu'en s'avouant coupable d'un artifice mercénaire , elle en dérobe les détails aggravans ; qu'elle nie avoir proféré les paroles que le Suppliant a entendues ; qu'elle imagine d'autres circonſtances ; qu'elle place au printems ce qui s'eſt paſſé à la fin de Juillet ou au mois d'Août 1784 ; qu'en un mot, forcée d'avouer le fait principal, elle eſſaie d'adoucir la ſévérité des loix en atténuant ſa faute ; il reſte certain que le Suppliant a déclaré au Roi, le 16 Août 1785 , l'illuſion qui lui a été faite dans les jardins, & qu'en effet une femme a été arrêtée depuis, qui, malgré les dangers auxquels elle s'expoſe, confeſſe que les ſieur & dame de la Motte l'ont gagnée, engagée, payée chèrement, pour jouer dans les jardins un rôle de ſéduction, qui devoit préparer le ſuccès de quelque projet important. Qu'on ne perde pas de vue que la fraude pratiquée en 1785 n'a plus beſoin de nouvelles preuves ; elle eſt ſuffiſamment établie. Mais quand le Suppliant expoſe à ſes Juges les progrès de la ſéduction , & quand on trouve entre ce qu'il dit & ce qui eſt prouvé un rapport ſi extraordinaire, on ne pèut qu'en être extrêmement frappé. Sur qui, ſi ce n'eſt pas ſur le Suppliant, les ſieur & dame de la Motte ont-ils exercé la fraude pratiquée par la demoiſelle Oliva, qui en a reçu le prix de leurs mains? Il faut qu'ils ayent commis une autre manœuvre du même genre, ou que celle là ſoit la même, dont le Suppliant a rendu compte dans le premier moment de ſa détention. Ce n'eſt que dans la vérité que ſe rencontre un rapport fi marqué , fi décifif , fur-tout quand les faits font auffi extraordinaires.

Encore une fois, à partir de cette époque, le Suppliant a été foumis à toutes les impreffions : les doutes ont été bannis : l'examen même ne lui paroiffoit plus néceffaire : il étoit livré : le tems des efforts étoit paffé pour la dame de la Motte : la fraude étoit confommée : il ne reftoit plus qu'à en recueillir les fruits. Elle ne tarda pas à s'en occuper; & déja, dès le mois d'Août 1784, elle perfuada au Suppliant, que la Reine défiroit que des infortunés , qui avoient befoin d'une fomme de foixante mille livres, fuffent fecourus à l'inftant même. Le Suppliant remit la fomme à la dame de la Motte, pour remplir cette deftination. Une demande femblable & fondée fur les mêmes principes, fut faite au mois de Novembre ou Décembre fuivant, pendant que le Suppliant étoit à Saverne : il s'agiffoit de dix mille livres, qui furent remifes de même à la dame de la Motte; & c'eft après le fuccès de ces deux épreuves qu'elle conçut l'idée d'une opération plus importante, & qu'elle l'entama, comme on l'a dit, pendant l'abfence du Suppliant, auprès des fieurs Boehmer & Baffanges. Ces deux premières fraudes ne font pas fans preuves. Le fieur de Carbonnières en a eu connoiffance ; & les faits poftérieurs font bien propres à rendre ceux-ci vraifemblables. C'eft au mois d'Octobre 1784, que les fieur & dame de la Motte ont payé la maifon qu'ils avoient acquife à Bar-fur-Aube.

L'illufion étant parfaitement établie, comme elle l'étoit depuis l'évènement arrivé dans les jardins, la dame de la Motte n'eut befoin que de montrer une lettre au Suppliant : de dire qu'elle lui avoit été adreffée par la Reine, que Sa Majefté exprimoit le défir d'acquérir le collier & chargeoit le Suppliant des détails de la négociation. Il s'y livra à l'inftant, alla parler aux jouailliers le 24 Janvier, les revit le 26, dreffa de fa main le projet des conventions, qu'ils acceptèrent, le remit à la dame de la Motte, qui le lui rendit quelques jours après, émargé des approbations fabriquées , dont le Suppliant, plus aveuglé que jamais, ne conçut pas même l'idée de foupçonner la fauffeté. Voilà la pièce que le Suppliant fit voir aux jouailliers, lorfqu'a-

vertis par un billet, qui ne nommoit pas la Reine, ils lui appor-
tèrent la parure de diamans, le 1 Février 1785. Voilà la pièce,
qu'un coupable, faifi des diamans, auroit eu tant d'intérêt à fup-
primer, & que le Suppliant au contraire a gardée fi précieufement; la pièce dont il a engagé les jouailliers à prendre une
copie, qu'ils ne vouloient pas; la pièce qu'il a ordonné, en cas
de mort, de remettre au fieur Boehmer; la pièce qu'il a mon-
trée depuis au fieur de Saint-James, qui n'a pas été plus frappé
que les jouailliars, pas plus que lui-même de la fingularité de
la fignature; la pièce que le Suppliant a dénoncée au Roi le 15
Août dernier, qu'il lui a fait remettre le fur-lendemain comme
preuve fubfiftante de l'erreur dans laquelle il avoit été plongé,
& qui n'exifte enfin aujourd'hui que par les foins refpectueux
du Suppliant pour la confervation d'un écrit qu'il croyoit émané
de la Reine.

C'eft le 1 Février au foir que le Suppliant eft allé à Verfailles; qu'il y a fait porter la boëte où étoit renfermée la parure;
qu'il s'en eft chargé lui-même jufqu'à la porte de la maifon où
logeoit la dame de la Motte; qu'il la lui a confiée; qu'elle l'a
remife à un homme, qui s'eft annoncé comme venant de la part
de la Reine, & qui a emporté la boëte. Le Suppliant a fignalé
cet homme au procès, & a cru reconnoître en lui le même qui,
dans les jardins, avoit annoncé Madame & madame la Comteffe
d'Artois. La fraude étoit donc confommée par la dame de la
Motte, & le Suppliant croyoit que la commiffion, dont la Reine
avoit daigné le charger, étoit fidèlement remplie. C'eft le len-
demain que le Suppliant chargea deux perfonnes d'aller au dîner
de la Reine, & de voir comment Sa Majefté s'étoit mife; tant
il étoit éloigné de croire que la Reine eût voulu faire un fecret de cette acquifition. C'eft depuis ce même moment qu'il a, depuis le 3 ou 4 Février, depuis & fans interruption jufqu'au mois de
Juillet, exhorté, invité, preffé les jouailliers, chaque fois qu'il
les a vus, de faire leurs très-humbles remercîmens à la Reine.
C'eft depuis ce moment que, furpris de ne pas voir la Reine porter la parure de diamans, le Suppliant en parla à la dame de

la Motte, qui chercha différens prétextes pour lui expliquer ce retard, & finit par lui déclarer que la Reine ne porteroit le collier qu'après que l'estimation convenue avec les jouailliers auroit été faite, ou qu'ils auroient réduit leurs prétentions. C'est alors qu'ils ont consenti à laisser le collier pour quatorze cent mille livres, & qu'ils ont écrit à la Reine sur le bureau du Suppliant la lettre par eux remise le 10 ou 12 Juillet.

Et cependant que faisoient les sieur & dame de la Motte? Tout ce qu'on a vu plus haut. Ils débitoient en France, en Angleterre le collier dépécé; & c'est-là que se placent tous les faits, qui établissent avec la dernière évidence la fraude dont ils se font rendus coupables, & l'innocence du Suppliant. C'est-là que se place la nouvelle fraude de la dame de la Motte, qui, pour écarter les soupçons du Suppliant, se revêtoit, au milieu de sa nouvelle opulence, des livrées de la misère, & sollicitoit du Suppliant les mêmes secours d'argent, qui lui ont été portés plusieurs fois par les nommés Fribourg suisse, Bandner valet-de-chambre, & le plus souvent par Philibert, commissionnaire à la porte du Suppliant. Ils remettoient quelquefois au portier de la dame de la Motte, en son absence, les lettres dont ils étoient porteurs, & qui chaque fois contenoient trois, quatre ou cinq louis.

Voilà de quelle manière le Suppliant a été trompé. On dira, pour la dernière fois, qu'il est permis de s'étonner de ce qu'il a été si facile, parce que la surprise n'ayant pas de règle, chacun est frappé d'après la mesure de son jugement ou de son caractère, ou d'après l'opinion qu'il en a; mais le Suppliant dira aussi, pour la dernière fois, que la séduction qu'il a éprouvée, n'est pas seulement vraisemblable, qu'elle est démontrée sans aucun doute; & qu'à un fait certain, établi par des preuves entièrement convaincantes, il ne peut plus être question d'opposer le sentiment vague d'une surprise, plus ou moins bien fondée. Il suppliera seulement ici les Magistrats de se retracer tous les faits qui composent le corps de ses preuves.

La Défense du Suppliant devroit être finie; mais ses interrogatoires

gatoires lui ont appris qu'on pourroit se prévaloir contre lui
de quelques faits étrangers au fonds de l'affaire, & essayer d'em-
barrasser le fait principal par des circonstances accessoires : il
va les expliquer en peu de mots.

On parle d'un emprunt de cinquante mille livres fait par le
Suppliant. Quel rapport cet emprunt pourroit-il avoir avec la
preuve acquise de la bonne-foi du Suppliant & de la fraude des
sieur & dame de la Motte? Il doit donc plus ici à sa délica-
tesse qu'à sa défense : & voici la vérité. Les sieurs Boehmer &
Bassange se sont présentés au Suppliant, quelque tems après la
conclusion du traité, & lui ont annoncé que le sieur de
Saint-James leur avoit prêté, sur le collier de diamans, près de
huit cent mille livres ; qu'obligés de l'instruire de la vente
qu'ils avoient faite de son gage, ils prioient le Suppliant de
vouloir bien confirmer leur récit. Ils ont ajouté que le sieur de
Saint James désiroit de lier connoissance avec lui, & qu'il étoit
disposé à l'obliger & à lui prêter des fonds, s'il en avoit besoin.
Ils le lui ont répété plusieurs fois, & dans chacune de leurs vi-
sites, toujours le Suppliant s'y étoit refusé. Sur leurs instances,
il leur dit que dans deux mois il avoit à faire un rembour-
sement de cinquante mille livres ; qu'il lui feroit agréable de l'ac-
célérer; & que, si Mr. de Saint-James avoit un si grand désir
de lui rendre service, il pourroit lui prêter cinquante mille livres. Le sieur de Saint-James les a prêtées en effet le 15 Mars.
Le Suppliant lui en a fait son billet, & l'a fait à lui seul. Déja
il en a payé dix mile livres, dont il a la quittance du caissier
du sieur de Saint-James. Les sieurs Boehmer & Bassange se font-
ils rendus caution envers celui-ci? Avoient-ils trop légèrement
supposé dans le sieur de Saint-James cette disposition annoncée?
A-t-il fallu, pour le déterminer, que d'eux à lui ils joignis-
sent au billet du Suppliant leur obligation personnelle? Voilà ce
que le Suppliant a ignoré, ce qu'il n'a pas même soupçonné jusqu'au mois d'Août dernier, où le Ministre du Roi lui en a parlé
pour la première fois. Mais la bonne-foi du Suppliant, dans la négociation du collier, en est-elle moins prouvée, si le sieur de

E

Saint-James lui a prêté cinquante mille livres? Eh! qui ne voit
au contraire que celui qui auroit diſpoſé à ſon profit d'une ſi riche parure, n'auroit eu ni le beſoin ni le déſir d'une ſomme de
cinquante mille livres?

On a parlé au Suppliant des expreſſions dont il s'eſt ſervi
avec les jouailliers & avec le ſieur de Saint-James, & qui pa-
roiſſent indiquer que le Suppliant avoit des rélations directes &
perſonnelles avec la Reine. Aux jouailliers, dit-on, il a rendu
compte des repréſentations qu'il avoit faices à la Reine ſur une
acquiſition ſi importante. Au ſieur de Saint-James il a dit avoir
vu dans les mains de la Reine ſept cent mille livres de billets
de la caiſſe d'eſcompte, deſtiné au paiement du collier, mais dont
la Reine a diſpoſé depuis.

La vérité eſt d'abord que le Suppliant n'a jamais proféré une
ſeule parole dans l'intention de perſuader à qui que ce ſoit,
qu'il eût le bonheur d'approcher la Reine. Voilà ce qu'il peut
affirmer comme un fait inconteſtable, dont il eſt parfaitement aſſuré.
D'un autre côté, la vérité eſt encore qu'il a parlé, ſans aucun
doute, aux jouailliers & au ſieur de Saint-James des ordres qu'il
croyoit avoir reçus de la Reine, parce qu'il n'avoit pas le doute
le plus léger ſur la voie qui les lui avoient tranſmis. Voilà
deux choſes également vraies. Mais quelle ſeroit au ſurplus
la conſéquence à tirer des expreſſions ſuppoſées? Prétend-on
que le Suppliant ait voulu, pour s'approprier plus ſûrement
le collier, feindre des ordres adreſſés directement à lui-même?
Cette idée eſt abſolument inapplicable à la converſation qu'il
auroit eue avec Mr. de Saint-James, poſtérieure de pluſieurs
ſemaines à la remiſe des diamans. Elle eût été ſuperflue pour
le ſuccès d'une fraude, qui déja auroit eu un entier ſuccès. Le
ſieur de Saint-James avouera ſûrement lui-même que le Suppliant
n'a jamais eſſayé de l'engager à faire une avance pour le paiement
du collier; que ſi l'idée de la faire eut entré dans l'eſprit du ſieur
de Saint-James, lui ſeul a conçu cette idée, & qu'il y mettoit
pour condition " que la Reine daigneroit lui dire perſonnelle-
" ment un mot de bonté à ce ſujet ", en ſorte que le Sup-

pliant n'a pu approuver un tel plan, que dans l'intime perfuafion que la Reine avoit acquis & qu'elle poffédoit la parure de
diamans. Le propos imaginaire qu'on attribue au Suppliant, auroit donc été fans intérêt. Il eſt donc bien éloigné de toute
vraifemblance, &, s'il eût été tenu, il n'affoibliroit pas les preuves de la bonne foi du Suppliant dans la négociation, & de la fraude
de ceux qui l'auroient trompé. Quant aux jouailliers, sûrs d'avoir
pour débiteurs du prix de leur collier ou la Reine ou le Suppliant, & preffés de s'en défaire, ils n'euffent pas été difficiles à
perfuader. Qu'eût-il été befoin de leur en impofer fur la nature
des rélations du Suppliant? Il leur écrit le 1 Février, non pas
la Reine m'a dit, mais *la Reine m'a fait connoître*. C'étoit le
moment où il venoit de livrer la parure. En Juillet, il leur dé-
clare *que fa lettre, s'il écrivoit lui-même, ne parviendroit que par
un tiers*; & ils n'en font pas furpris, parce qu'ils n'apprennent
par-là rien qui leur foit nouveau. Le Suppliant avoit fait en
Janvier, à la dame de la Motte, quelques obfervations fur le
projet qu'elle lui annonçoit de la part de la Reine. La dame de
la Motte lui avoit répondu quelques jours après, que *fes réflexions
n'avoient pas fait changer d'avis*. Il a pu le dire aux fieurs
Boehmer & Baffange. Cela peut-il tromper ces marchands fur
l'efpèce de rélations du Suppliant, fur la manière dont fes re-
préfentations étoient parvenues? Dans le fait, tout ce qu'il a
dit au fieur de Saint-James, c'eſt uniquement " qu'il avoit vu
" écrit de la main de la Reine, qu'elle avoit fept cent mille li-
" vres " : c'eſt " qu'enfuite la Reine en avoit difpofé ". Il parloit felon fa conviction ; il parloit affirmativement, comme on
parle d'un fait certain. Qu'importe qu'au bout de fept ou huit
mois, le fieur de Saint-James, qui ne favoit rien alors qui pût
l'avertir de remarquer la nuance des expreffions, ait cru avoir
entendu que le Suppliant avoit vu fept cent mille livres dans la
main de la Reine, & n'ait pas douté d'un fait dont le Suppliant
ne doutoit pas lui-même. Tout cela ne fauroit détruire ni affoi-
blir la bonne-foi prouvée du Suppliant, & la fraude prouvée
de la dame de la Motte. Or, c'eſt-là tout le procès.

E 2

Il n'y a rien de plus important dans le fait que voici. Quelques jours après la lettre adreffée au mois de Juillet à la Reine, le miniftre fait avertir les jouailliers de venir lui parler : ils en inftruiſent le Suppliant, qui, dans l'incertitude de l'objet pour lequel ils font mandés, leur confeille de ne parler de la négociation qu'autant que le Miniftre feroit chargé de leur en parler lui-même. Le plus profond refpect doit honorer les volontés des Souverains, & le refpect infpire le filence.

Cependant les jouailliers voyoient approcher le 31 Juillet, premier terme de leur paiement, & rien ne leur annonçoit qu'on fe préparoit à payer. L'un d'eux étoit venu demander au Suppliant (tant ils étoient inftruits du genre de rélations, que le Suppliant croyoit avoir) fi le tiers ne les trompoit pas tous. Il n'étoit pas encore détrompé ; il affure, qu'ils pouvoient être tranquilles. Mais la dame de la Motte vint à fon tour lui annoncer que la Reine avoit fait un autre emploi des fept cent mille livres, qu'elle ne payeroit qu'en Septembre, en Octobre, & jufques-là l'intérêt. Voilà l'époque des premières alarmes du Suppliant : elles fe diffipèrent, lorfque cette femme, qui n'avoit rien, & qui ne vivoit que de fes fecours, lui apporta trente mille livres pour le paiement des intérêts. Le Suppliant les remit le 31 Juillet aux jouailliers, qui ne voulurent recevoir cette fomme que fur le capital. On peut compter au nombre des preuves de la fraude les circonftances que le Suppliant a apprifes depuis fa détention. La dame de la Motte a envoyé dans ce tems un exprès à fon mari : elle a dépofé fon écrin à maître Minguet, notaire, qui lui a prêté trente-cinq mille livres ; & le Suppliant requiert que ce témoin foit entendu.

Il paroît que la dame de la Motte s'eft fait un moyen de la conduite qu'elle a tenue au commencement du mois d'Août, & qu'elle a voulu perfuader, que, fi elle eût été coupable, elle auroit fui & ne fe feroit pas tranquillement retirée dans fa maifon de Bar-fur-Aube. Mais ce n'eft plus la queftion de favoir fi elle eft l'artifan de la fraude : cela eft prouvé de tant de manières, qu'il n'eft pas poffible d'en douter ; & les derniers momens de cette affaire ne peuvent plus devenir pour elle un argument d'innocence : ils ne peuvent plus préfenter que le tableau d'un nouvel artifice ; & tel eft en effet leur caractère.

Si les fieur & dame de la Motte avoient fui dans les pays Etrangers , ils s'avouoient publiquement coupables : ils conçurent un plan plus profond & plus utile. Le Suppliant avoit été tellement enveloppé dans leurs pièges ; leur manœuvre l'avoit engagé fi avant ; fa pofition étoit fi cruelle , & le malheur d'avoir été trompé dans une matière fi délicate , lui prefcrivoit fi impérieufement le filence, qu'ils apperçurent qu'avec quelque adreffe ils pourroient jouir en paix du fruit de leur crime. Voilà la clef de leur conduite.

Pour cela il falloit dire aux jouailliers que le Suppliant avoit été trompé , que la fignature étoit fauffe , qu'il étoit tems de s'adreffer à lui pour le paiement ; & qu'heureufement il étoit en état de payer. Or , c'eft-là précifément ce que la dame de la Motte dit aux fieurs Boehmer & Baffange dans le commencement du mois d'Août. Comment le favoit elle , fi elle même n'étoit pas l'Auteur de la fraude ? Et par qui le Suppliant auroit-il été trompé , fi ce n'eft par elle ?

Il eft bien important de remarquer ici de nouveau , que le fyftême de défenfe de la dame de la Motte elle-même s'accorde avec la vérité capitale de l'affaire. Le fuppliant a été trompé , dit elle, par tout ; il eft donc innocent. Refte à favoir , comment elle peut fe faire illufion jufqu'au point de fe perfuader , qu'elle fe difculpera du crime de l'avoir trompé.

D'un autre côté , il étoit inutile d'ajouter de nouveaux liens à ceux qui attachoient déja le fort du Suppliant à celui des fieur & dame de la Motte , & de renforcer cette chaîne déplorable , qui uniffoit enfemble l'intérêt de l'innocence trompée & celui des coupables. C'eft dans cette vue , qu'elle conçut le projet de fe procurer un afyle dans l'Hôtel du Suppliant , avant de partir pour Bar-fur-Aube. Pour cela il ne falloit pas lui dire qu'il étoit trompé , & que jamais la Reine n'avoit donné l'ordre d'acquérir le collier. C'eût été lui déclarer qu'elle étoit un monftre. Il falloit lui donner des alarmes , & ne lui fournir aucune lumière. C'eft encore ce qu'elle a exécuté. Elle fait favoir au Suppliant que , retenue chez elle & n'ofant fortir , elle le prie de prendre la peine de fe rendre chez elle : elle affecte les apparences du défefpoir ; mais c'étoient les bontés mêmes de la Reine , qui lui avoient attiré des ennemis : on la calomnioit ; on l'accufoit d'indifcrétion & de vanteries : on exigeoit qu'elle quittât Paris , & qu'elle donnât fon éloignement pour garant de fon filence : fi elle ne fe foumettoit pas à cet ordre , elle couroit les plus grands rifques : obligée de différer fon départ de deux ou trois jours ,

il falloit qu'au moins jufques-là elle parût avoir obéi. Cela ne
fe pouvoit faire qu'autant que le Suppliant lui permettroit de fe
cacher avec fon mari dans l'hôtel. Le Suppliant n'avoit alors que
des inquiétudes; & le fentiment de la pitié étoit encore le plus
fort. C'eft ainfi qu'il eft arrivé, que les fieur & dame de la Motte
ont occupé, pendant un jour & demi, un appartement dans les
entre-fols de l'hôtel du Suppliant, & ne font partis que le 6
Août pour Bar-fur-Aube. C'eft ainfi qu'ils engagèrent le Suppliant à trouver fon intérêt à fauver les coupables : & cela feroit arrivé felon leur fpéculation, fi les jouailliers, au lieu de
donner un Mémoire au Roi, s'étoient adreffés au Suppliant. Dès
qu'il auroit été convaincu de la fraude, il auroit terminé l'affaire, en prenant des engagemens perfonnels ; & l'artifice auroit eu
un plein fuccès.

L'hiftoire que la dame de la Motte préfente pour cette époque, eft fenfiblement abfurde. Quelle eft cette hiftoire ? Selon
elle, le Suppliant auroit été convaincu, qu'il avoit été trompé,
mais qu'il l'avoit été par un autre. Il n'auroit pas eu le moindre foupçon fur l'innocence de la dame de la Motte ; & il l'auroit cependant avertie, qu'il y avoit des Efpions fous fes fenê-
tres. Pourquoi des Efpions à la porte d'une femme innocente
& même pleinement étrangère à la négociation ? Il lui auroit dit
de venir fe cacher dans fon hôtel. --- Pourquoi ? De peur qu'elle
ne parlât de la fraude employée par le fieur de Caglioftro, pour
tromper le Suppliant ! Et la dame de la Motte n'eft pour rien
abfolument dans toute cette affaire ! Elle n'a pas même été fuf-
pecte aux yeux de la juftice ! Il l'auroit preffée de fe réfugier
dans les pays étrangers ; & elle n'auroit pas été coupable ! C'eft
un Roman fans liaifon & fans vraifemblance. Le Suppliant le nie
dans fon enfemble & dans tous fes détails.

Il n'y a pas une affaire, qui n'ait un centre unique où fe
trouve la vérité. Le crime s'occupe du foin de l'envelopper de
manière à la rendre invifible : mais les bons efprits, entraînés
d'abord à la fuite de l'impofture, égarés quelque tems par les
fauffes lueurs qu'elle travaille à multiplier, reviennent à ce centre, s'y attachent, & ne le quittent plus. Le Suppliant n'a pas
pu, pour parvenir à payer feize cent mille livres en recevant à
peine un million, concevoir le projet de perdre honneur, état,
fortune, en faifant une fauffe fignature de la Reine. Il ne l'a
donc pas faite. Il a confervé précieufement cette fauffe fignature, même après avoir reçu le Collier : il a preffé les jouailliers
d'en prendre copie : il leur a mis dans les mains une lettre qui
feule énonce le traité fait pour la Reine, & cela depuis qu'il
avoit les diamans à fa difpofition : il a preffé les jouailliers de
faire leurs remercîmens à la Reine : il les a engagés à lui écrire :

il a donc été trompé. Cela suppose un trompeur. La femme qui
avoit engagé la négociation, en l'absence & à l'infçu du Suppliant; qui a dit aux jouailliers, qu'un grand Seigneur viendroit
traiter avec eux; qui a vendu des diamans à Paris & en a employé le prix à acquérir de l'argenterie & des bijoux pour elle-
même; la femme, dont le mari a vendu des diamans en Angleterre, dont le mari alloit mentant fans celle fur l'origine de fon
opulence, faifant des achats de bijouterie, de perles fines, d'ameublemens pour fa maifon; la femme, qui tout à coup d'une pauvreté exceffive à paffé à une richeffe inexprimable, qu'elle fe con-
tentoit de mafquer aux yeux du Suppliant; cette femme eft l'auteur de la tromperie. Voilà le point central de l'affaire: &, quelque circuit que la fraude ait pu faire autour de ce point unique,
de quelques apparences qu'elle ait cherché à l'envelopper, dans
quelques détails qu'elle effaye de le perdre, la juftice & la raifon la rameneront toujours là, parce que c'eft là feulement que
réfide la vérité, qui éclaire l'efprit, & qui confond l'impofture.
On doit s'attendre que les hommes artificieux l'auront toujours,
après un grand crime, tourner quelques incidens d'une manière
plus ou moins équivoque : on doit s'attendre même, que l'embarras où ils auront précipité l'innocence, en l'entraînant dans
leurs pièges, leur fervira pour obfcurcir quelques points par-
ticuliers de leurs manœuvres. Mais arrachez leur les détails, &
confrontez les au fait capital; ils font à l'inftant confondus. Et
dans quel procès ce principe des bons efprits eft-il plus néceffaire? Le Suppliant n'a été que trompé; mais quelle effroyable
tromperie! Combien elle eft trifte, funefte, accablante pour
l'innocent même! S'il eft une humiliation qu'on puiffe redouter,
non pas à l'égal du crime, mais comme le plus cruel des malheurs,
c'eft celle que le Suppliant eft forcé de fubir. Innocent, il avoit,
pour étouffer l'affaire, un intérêt prefque auffi grand que celui des coupables. Eclairé fur la fraude, il eût été à peine à
craindre. Leur falut, au fein de l'infamie, eût été fous la
garde de la pudeur, qui commandoit le filence à leur victime.
Ils euffent été les maîtres de difpofer de tous les détails, de
contourner toutes les apparences : & fi la Providence ne veil-
loit pas jufques dans la nuit des forfaits, on pourroit s'étonner
que les fieur & dame de la Motte n'aient pas couvert d'un voile
impénétrable la vérité, qui s'élève aujourd'hui contre eux.

Elle fe montre, elle eft connue, l'innocence eft prouvée. Mais
fi le Suppliant ne doit plus d'éclairciffemens à fes Juges, il doit
s'abaiffer au pied du Trône, après s'être relevé en préfence de
la Loi. Trompé, il a droit aux honneurs de l'innocence : il fent
le befoin d'avouer que le malheur d'avoir déplu à la Reine, le

pénètre d'une douleur profonde. Si ce fentiment, dont fon ame eft remplie, peut être connu & lui obtenir un mot de bonté; fi Sa Majefté daigne accepter fes regrets & excufer l'erreur, qui, contre fon intention, a pu devenir une offenfe involontaire, il attendra fans alarme le moment de la Juftice.

CE CONSIDÉRÉ, Noffeigneurs, il vous plaife, fans préjudice des réferves & proteftations contenues au premier article de l'interrogatoire du Suppliant, dans lefquelles il perfifte en fes qualités d'Eccléfiaftique, d'Evêque, de Prince de l'Empire, de Cardinal & de Grand-Aumônier de France, avant de faire droit fur le réglement du procès, ordonner, qu'à la requête de Mr. le Procureur-Général il fera informé par additions, tant par titres que par témoins : 1°. Du fait des fommes de trois, quatre ou cinq louis, envoyées plufieurs fois par le Suppliant à la dame de la Motte, dans le courant de l'année 1785, par les nommés Fribourg fuiffe, Bandner valet-de-chambre, & Philibert commiffionnaire. 2°. Des faits de vente de diamans, achats de marchandifes & de meubles, dépenfes qui ont été faites & difcours qui ont été tenus, tant en France qu'en Angleterre par le fieur de la Motte, à la connoiffance de Leffus, fon valet-de-chambre, du fieur Oneil, Capitaine au fervice de France, des fieurs Gray, Jeffrys & Macdermott. A l'effet de quoi & dans le cas où aucuns des témoins ne pourroient pas être entendus en France, toutes lettres réquifitoriales foient obtenues, s'il eft néceffaire. 3°. Des faits de dépenfes & profufions des fieur & dame de la Motte, qui fe font paffés & qui font connus à Bar-fur-Aube. Ce faifant, & néanmoins dès à préfent, ordonner que l'inftruction du procès fera continuée avec le Suppliant en état d'affigné pour être ouï. *Et vous ferez bien.*

Signé, le Cardinal DE ROHAN,
Evêque de Srasbourg.

www.ingramcontent.com/pod-product-compliance
Lightning Source LLC
LaVergne TN
LVHW020005180726
843503LV00008B/3809